AF358713

PEDAZOS

ExLibric

DAVID FERNÁNDEZ REYES

PEDAZOS

EXLIBRIC

ANTEQUERA 2020

PEDAZOS
© David Fernández Reyes
Diseño de portada: Dpto. de Diseño Gráfico Exlibric

Iª edición

© ExLibric, 2020.

Editado por: ExLibric
c/ Cueva de Viera, 2, Local 3
Centro Negocios CADI
29200 Antequera (Málaga)
Teléfono: 952 70 60 04
Fax: 952 84 55 03
Correo electrónico: exlibric@exlibric.com
Internet: www.exlibric.com

ISBN: 978-84-18230-22-6
Depósito Legal: MA-476-2020

Nota de la editorial: ExLibric pertenece a Innovación y Cualificación S. L.

DAVID FERNÁNDEZ REYES

PEDAZOS

VIENEN Y VAN

Esto va dedicado a la gente que vendría por el día;
luego, tras aprovechada mi mente, por la noche se irían.
Mi atención no os merecéis y esto es lo único que os voy a dar.
Con presión en el pecho me dejasteis y sin ganas de respirar,
pero hoy me levanto con más fuerza y sin dudas me lanzo.
Os doy, no más que con delicadeza y mi pluma, un abrazo
por solidaridad y para que así podáis ser libres sin mi persona.
Os dolerá ver que aquel del que os reíais no tirita y os abandona.

DUDAS MITOLÓGICAS

Hefesto forjando en la fragua la coraza
que del trueno de Thor me ha de proteger,
de Loki y sus engaños, que son como una lanza
de agua bendita en la cara a Lucifer.
Temor al tenebroso inframundo de Hades,
amor al maravilloso escudo de Ares.
Como Hel, no sé si soy claro u oscuro,
soy bueno o soy malo; eso es en todo lo que dudo.

Daño directo

Ellos, cuando tú te abres, te dañan valgas lo que valgas,
causando un daño grande como el filoscuro de Draktharr.
Tú les ayudas, les entregas sin dudas tu corazón;
ellos lo ejecutan sin alguna razón.
Lo recojo y lo encierro en un cofre como Davy Jones,
sollozo y lo entierro donde nadie pueda dañar mi amor.
Juego de mala manera aunque tenga buenas cartas,
subo al tejado de un edificio y mi mente dice: «Salta».

La quinta hoja del trébol

Soy honesto como la primera hoja de un trébol.
Tengo esperanza de que esto llegue a ser eterno,
este amor que quiero que perdure para siempre,
la fortuna que tuve al haber podido conocerte.
Estas son las cuatro hojas que vimos en aquella planta;
sin embargo, tiene una quinta y eso me espanta.
Los demonios nos invaden y nos corrompen el alma.
Es la quinta hoja, la que nuestra sangre derrama.

SOLEDAD

Qué bonita es esa palabra, soledad,
aquella que añoras cuando te rodean los demás,
aquella que odias cuando rompes a llorar.
Qué curiosa es esta relación, ¿verdad?
Te noto lejana y caliente cuando estoy con todos,
pero cercana y fría cuando me encuentro solo.
Hay algo que no entiendo conforme avanzan mis episodios.
Soledad, ¿por qué te amo, pero a la vez te odio?

DÍA Y NOCHE

Quiero que compartamos risas por la mañana,
que disfrutes tanto con mis besos de manzana.
Quiero que compartamos vicios al mediodía,
que escuches mi canto con gran alegría.
Quiero que compartamos caricias por la tarde,
que anules esos vastos pensamientos de sangre.
Quiero que compartamos besos por la noche,
que surques los altos cielos con las películas en VOSE.

ODÍN

Gozando por ver tu piel sudorosa como la de un bravo guerrero.
Deseando volver a casa para poder probar tu cuerpo.
Ansiando ser un sabio en cuanto al placer que recibes,
dando tanto de él que sin cesar oigo cómo gimes.
Gritando tu tez como la de una valquiria tan bella.
Callando de placer, los cuervos me hablan por ella.
Ilusionando a una mujer como el mejor de los magos.
Amando de tu sien a tus pies, controlando tu sed por mis manos.

GANAS DE TI

Tengo muchas ganas de que tus manos recorran mi cuerpo
o que tu cuerpo recorran las mías.
Siento una llama que crece en las dunas de tu desierto
y que tu desierto crece en mi melancolía.
Cierto es que no me las saco de mi cerebro
y que mi cerebro es tuyo hoy en día.
Dentro del paraíso es donde con mis sueños me encuentro
y donde encuentro, maravillado, de tu cuerpo las vías.

El lienzo y su sonrisa

Cojo un lienzo y pienso sobre qué voy a pintar.
Podría pintar el sol, pero te podrías quemar;
podría pintar el mar, pero te llenarías de sal.
Una gota de alcohol sobre una herida sin curar,
ese es el dolor que llegamos a sentir los dos.
No sientas temor, que ya ha amainado la brisa.
Cojo de nuevo el lienzo y tengo la solución,
lo que voy a pintar: sobre tu cara una sonrisa.

SISTEMA SOLAR

Camino por Mercurio y me tropiezo con sus rocas,
caigo en Venus y de mis ojos salen gotas
que inundan la Tierra, creando vastos océanos.
De la ira se me encierra en Marte y lo enrojezco.
Rabioso, hago un lunar en Júpiter con mis manos
y los anillos de mis dedos de Saturno los desprendo.
El cielo está azul como Urano, qué inoportuno.
Triste me desvanezco como el gas de Neptuno.

Un tonto con tinta

Tanteo tanto que tiento al tiempo,
pues tengo tantas tentaciones que son tonterías
y tengo una tensión tan alta que tontea
con mi tan tentadora tonta voz
que la tentación tontamente
se mezcló con tinta.

CERCANÍA

Mis ojos se preguntan, llorosos de alegría,
que cómo es posible que mi mente, en tu cercanía,
deje las preguntas constantes de melancolía
y lo único en lo que piense a tu lado cada noche y cada día…
sea en que sonrías.

DÚO ABSOLUTO

Lo tengo todo, pues no me falta nada.
Me poso en la lava y me baño como si fuese lodo.
Me protejo con los codos cada día, cada semana,
y cuando me tumbo en la cama me pregunto el cómo.
¿Cómo es posible que soportando todo lo que pasé
pueda seguir luchando y a mis ideas mantenerme fiel?
La respuesta es sencilla, no sé por qué lo dudé:
somos el dúo absoluto, la soledad y mi ser.

CIELO

La gente traicionando a sus seres queridos,
abandonando animales porque ya no son cachorrillos.
Se masacran entre ellos y eso no tiene nombre.
Me da que es verdad: el hombre es el lobo del hombre.
Nos quejamos si alguna vez nos falla un amigo,
pero nunca nos cuestionamos si nosotros realmente lo fuimos.
Podría expresar esto, pero carezco de voz.
No soy más que el cielo, un constante espectador.

Caída inminente

Mis alrededores son una constante anarquía
en la que cada uno vaga por su propio mundo.
Si alguno de ellos necesitase de cobijo en tierras mías
no dudaría en ofrecérselo ni un solo segundo.
Mientras que unos desaparecen inexplicablemente,
otros se mantienen, pero permanecen a malas.
Hacen que permanezca en vuelo mi mente,
pero el golpe viene fuerte, pues no poseo alas.

AHOGADO

Muchas veces me pregunto cuál es la dirección.
Muchas veces me respondo: donde no sienta dolor.
Me despierto cada día con la respiración alterada,
divisando la palidez que por mi habitación se propaga.
No encuentro el ánimo, solo hallo dolor en mi pecho.
No sé qué he hecho para estar viviendo ahogado,
decepcionado; no hay nada peor que haber tocado techo
cuando ni siquiera ni un palmo del suelo te has levantado.

Irracional

Me ha chocado tanto que hasta he soñado con ello.
El sonido de unas palabras que recorren mi cuello
sube lentamente, alcanzando así mi oreja,
y una piel de erizo mi seca tez refleja.
Aparece un silencio y no puedo romper el sello
del conjuro que me enreda en su suave cabello.
Mi mirada en su vista se queda perpleja,
mi mente se desvanece, mi raciocinio se aleja.

RAZÓN DE SER

Los besos en el cuello, las caricias en la espalda,
los gemidos que hacen que mi mente entre en calma.
Esas curvas peligrosas que hacen que suenen las alarmas,
el calor que sentimos cuando nuestros seres contactan.
Esa mirada desde el pasillo con tu figura desnuda,
esa sonrisa que a este poeta deja su boca muda.
La sensación de felicidad cuando tu piel me anula.
Te convertiste en mi razón de ser, de eso no cabe duda.

SILENCIO

Silencio…
Un placer del cual es muy alto el precio.
Silencio…
Un gusto que si lo deseas te catalogan de necio.
Silencio…
Un ser que se presenta para presentar el remedio.
Silencio…
Un pensamiento que hace que quiera quitarme de en medio.

DENTRO Y FUERA

Vacío por dentro, lleno por fuera.
Mi corazón no siente el amor que me llega.
Busco y no encuentro, se me acaba la espera.
Mi cuerpo inerte no quiere más guerra.

Muerto por dentro, vivo por fuera.
Tu nombre recuerdo, mi mente te anhela,
esos buenos tiempos que pasaba a tu vera,
pero ya no soy sustento de esa sonrisa sincera.

PRISMA

Escribo, tacho, escribo, tacho.
Una y otra vez, y otra, y otra, y otra.
Suspiro, me relajo, suspiro, me relajo.
No sé qué hacer, mis ideas son remotas.
Grito, me callo, grito, me callo.
No plasmo nada en el papel, mi voz está rota.
Cierro el pico, hablo, cierro el pico, hablo.
En mi mente, una pared; pero con tinta explota.

Tirito

Tirito ante el frío de la luna,
tirito ante los nervios de mis dudas,
tirito ante los fallos que se suman,
tirito ante el miedo que me abruma,
tirito ante los copos de nieve,
tirito ante los ojos que llueven,
tirito ante las puñaladas que duelen,
tirito ante las peleas que vienen.

AD

Antiguas decepciones, aventuras desechadas.
Alguien dubitativo, arca derrumbada.
Acciones detestables, aura desganada.
Amor distante, alma destrozada.

ME LLEVA EL VIENTO

Una pluma solitaria levitando por el salón de baile,
una duda diaria rondando por el alentador aire.

33

DISTANCIADOS PERO JUNTOS

La distancia nos podrá separar, pero el amor nos juntará.
Lo más importante es recordar la voz que te hará no olvidar.

BLANCO Y NEGRO

Un río de sensaciones que acaba con la lógica.
Me desvío de mis colores, pues se aleja de mi órbita.

UN REY MAGO

Cada noche, perdido, alzo mi vista hacia el cielo.
Desde el porche, dormido, saco mi lista de recuerdos.
Los ignoro y entre tanta luz destaca una estrella.
La seguí y me hace feliz; ahora convivo con ella.

Salvado por la luz

Me he estado hundiendo en barro una y otra vez
hasta que llegó la mano que me logró sostener.
Así se marchó el ego oscuro al que no quería ni ver
y los pasos que daba en falso pude comprender.

EVOLUCIÓN CONJUNTA

Dicen que las personas estamos todo el rato cambiando
y también dicen que nada de lo que hay es para siempre,
pero cuando dos personajes coherentes nos juntamos
puede volverse eterno si evolucionamos juntos constantemente.

PERECEDERO

Pocas palabras, mucho mensaje.
El sueño se alarga, un amargo viaje.
El calor se marcha, no hay equipaje.
Deja que salga el amor que yo traje.

VUELVE

La ira ha llegado a envenenar mi lengua,
pero mentiría si digo que no añoro tus piernas.
Un viaje al futuro para que el pasado descienda
mientras grita mi silencio, rezando por que vuelvas.

ROMA

He intentado evitarte para protegerme a mí mismo.
Me puse a correr por el puente de San Francisco,
me perdí junto a los animales salvajes del Amazonas,
contemplé la altura de la Sagrada Familia de Barcelona,
divisé la estructura de los templos de Grecia,
navegué en una góndola por los canales de Venecia,
vi el Museo del Louvre y la Torre Eiffel de París,
pero eres como Roma: todos los caminos me llevan hasta ti.

LA BELLEZA DEL PELIGRO

Lenguas venenosas se juntan,
treguas pantanosas aparecen.
La cosa más hermosa que gusta
es la versión peligrosa que duerme.

Epitafio

Una montaña de mentiras y de malas decisiones
hace que la lava de mi cuerpo erupcione.
Harto de esta vida, un cambio se me propone:
coger la pala y lapidar mi olvidable nombre.

43

TÚ

Tu sonrisa en mi almacén,
tu imagen en mi conversación,
tus caderas en mi sien,
tus dunas en mi salón.

VIRTUOSO

Las miradas hacen que se pare el tiempo,
las sonrisas hacen que se paren los latidos.
Una nueva sensación está recorriendo mi cuerpo,
una nueva canción se está componiendo en mis oídos.

45

CADA VEZ MENOS YO

Momentos bonitos que actualmente duelen,
un dolor en el pecho que me hace sentir azul.
Mi ser lo intenta, pero es algo que no puede.
Y es que me siento menos yo si no estás tú.

SOÑADOR

La energía absorbida porque anduve por la arena.
Ríete, mi vida, cuando los nervios me drenan.
La luz escondida porque las nubes la frenan,
pero más fuerte brilla el necio que sueña.

Cuerda huida

Un día existo para ti,
otro día no.
No paras de hacerme sufrir,
no te puedo decir adiós.
Te ríes de mí
por mis ojos y mi color.
Lo que no soporto en sí
es que se ahogue mi voz.
No aguanto más aquí,
proyecto mi última oración.
No paras de huir
de mí y de lo que ese niño soñó.

Periplo

Hoy ha sido el primer día,
el primero de muchos.
Tengo mala puntería,
fallé todos mis cartuchos.
Los consejos de mi compañía
yo no los escucho.
Menuda maldita travesía
en la que vivo y lucho.

Y NO FUE

Esto es algo que podía funcionar, pero no sé.
El futuro que veía y en el que quiero creer,
los para mañana que se quedaron en para ayer.
Quería vivir esos momentos y tan solo los recordé.
No sentías lo mismo y ni siquiera sé por qué.
Vivo en una agonía, pasando del «vida mía» al «esa mujer».
Aunque estoy hundido, yo me desplomé
pensando en lo que pudo ser y no fue.

DE MENOS

Mi pecho contraído echa de menos tu compañía,
mis labios secos echan de menos tus besos,
mi espalda suave echa de menos tu armonía,
mis oídos atentos echan de menos tus «te quiero».

Triste felicidad

Ayer me diste la vida,
hoy me das la muerte,
las caricias que me avivan,
la sentencia que me duerme.
No sé si mi autoestima
podrá volver a ser fuerte,
pues si veo tu sonrisa
se pone triste mi mente.

52

Maullido salvaje

La vida no es blanca, pues no es todo bonito.
Tampoco es negra, pues tampoco todo es feo.
Es una escala de grises, pues a veces un grito
puede convertirse en un lindo ronroneo.

Juicio de la moneda

La vida se basa en un juego de azar.
Elijas cara o cruz, siempre te van a juzgar.

VICTORIA, EMPATE Y DERROTA

Debato con mis dudas en busca de un ganador,
pero empato con la luna y se esfuma el sol.

MIRADA Y CAMINO

Miro a la derecha mientras voy hacia adelante
en un mar de sabiduría que consigue alegrarme.
Voy hacia la izquierda mientras miro hacia atrás
en un lugar con malas hierbas que me juzgaron sin dudar.

INJUSTICIA

Un castillo de cartón para los luchadores,
una mansión de hormigón para los timadores.
Esa es la injusticia que vivimos en este mundo,
una vida que dura años y acaba en un segundo.

VACÍO

Un camino sin suelo,
un jardín sin flores,
un río sin agua,
un arcoíris sin colores.

INSOMNIO

Controlo el tiempo sin usar reloj,
controlo el espacio siendo inmaterial.
No tengo nervios, pero siento dolor.
Aunque vaya andando por la calle, no quiero despertar.

59

Jaque mate

Muevo mis fichas tras pensar mucho en el movimiento,
acabo en jaque por mi desconocimiento.
La defensa está vacía, así que es mi momento.
Un mate en el aro y termina mi sufrimiento.

SUBCONSCIENTE

Escondo mis pétalos cuando el sol aparece,
florezco cuando la luna asoma,
avanzo lentamente junto a la corriente,
llego al océano donde mi ser se ahoga.

Cuerpo sagrado

Náufrago de mis pensamientos no sé cómo vivir.
Tus muslos son solo el comienzo,
tu torso hace que no pueda dejar de sufrir,
pues tu cuerpo es un templo al que siempre rezo.

Brasas

Esperando tu sonrisa,
esperando tu mirada,
esperando las cenizas
que provoquen nuestra llama.

63

Mente inversa

Un océano de lágrimas invade mi prisión,
un álamo de sátiras persuade mi razón.

Momento final

Inmerso en mis pesadillas cuando el ataúd viene,
asciendo cual polilla hacia la luz que proviene.

SANIDAD

La llanura de mi cuerpo, que acaricias con tu brisa.
La bruma de mi intelecto, que desprecias con tu risa.

SOL Y LUNA

El sol se asoma, comenzando un nuevo día;
la luna se esconde, pues ella no iluminaría
ni un pequeño ápice de lo que él es capaz de hacer,
y se marcha llorando en cada amanecer.

BRILLANTE LUNA

Miré a la luna y le dije: «Lo siento,
encontré otro brillo que me llena más por dentro,
unos ojos capaces de parar momentos».
Pero la luna se rio, pues sabía que volvería con el tiempo.

AMOR EXTINTO

Era un dinosaurio carente de amor
que no buscaba presa ni padecía hambre.
Llegó la solución, que no fue mi extinción.
Era un meteorito que consiguió enamorarme.

Valores digitales

He tenido el valor de buscar conocimiento,
he pecado de inocencia esperando sinceridad.
El amor a la esperanza me mantiene en movimiento.
La luz brilla fuerte por nuestra amistad.

Ave enjaulada

Me he sentido aplastado como una paloma muerta,
me he sentido devorado por dentro por unos cuervos,
me he sentido frustrado, pues mis alas no aleteaban de vuelta.
Y fuiste tú, con tu calor, la que me hizo emigrar al cielo.

Abandono

Abandono el negro de mis actos y pensamientos,
abandono el miedo de mis saltos y proyectos,
abandono el cero de mis cantos y sentimientos,
abandono el fuego de mis manos y recuerdos.

LUGAR DESCONOCIDO

Camino por el precipicio ignorante del peligro.
Viajo por las dunas del desierto repleto de sed.
Te busco vía satélite, pero falla el objetivo.
Libre como un pájaro nunca te encontré.

MALDAD

Una guerra exasperante que tiene principio, pero no fin.
Maldad en los integrantes, cuyo suplicio es mentir,
navegando con un tanque en un periplo muy ruin,
solo desde el instante en el que el inicio fue vil.

DISNEY

Oye, Cenicienta, ¿y tu zapato de cristal?
Ahora mismo soy un sapo. ¿El beso de Tiana dónde está?
Hay un amigo en mí, pero se fue al infinito y más allá.
Rápido como Rayo, a mi princesa Disney tuve que soltar.

INFINITUD

Infinitas heridas que meditan en mi mente,
infinitas tiritas que tiritan en mi consciente,
infinitas subidas de medidas en mi gente,
infinitas cerillas de sibilas en mi suerte.

POESÍA

Mi psicóloga, mi musa, mi filtro,
mi exposición, mi vida, mi instinto,
mi desahogo, mi terapia, mi día,
nostalgia, amor, ira, ser feliz…
Eso para mí es la poesía.

22 de marzo, #DíaMundialDeLaPoesía.

Hogwarts

Un león elegante divisando tu horizonte,
un pequeño tejón merodeando por tus piernas,
un cuervo esperando al escuchar tu nombre,
una serpiente reptando, deseando tu lengua.

TIPOS

Nuestra chispa genera llamas siniestras;
ni con agua ni con piedras de aire se apagan.
Las raíces de nuestros fantasmas molestan.
Nuestras mentes por vigas están conectadas.

CANSADO DE

Cansado de esperar, cansado de desconocer,
cansado de especular, cansado de suponer,
cansado de reemplazar, cansado de contener,
cansado de soñar, cansado de ser.

El reino de los corazones

Me rodea la luz, pero me tapa tu sombra.
Tú tienes la llave, tu espada en mi interior.
Vivo bajo tu cruz, doy vueltas a tu rotonda.
Sin ti, ya lo sabes, soy un sin corazón.

SOY

Soy el Rey Arturo sin la Excalibur,
soy Bestia sin su amada Bella,
soy un planeta carente de satélite,
soy una galaxia carente de estrella,
soy una moneda que no tiene valor,
soy el Yeti, pero no dejando huella,
soy un cantante que perdió la voz.
Soy yo, que la he perdido a ella.

MENSAJE OCULTO

Veo tu figura en mi mente,
utópica noche a tu lado.
Exhausto de no tenerte enfrente,
lejos de estar esperanzado,
vasto dolor en mi cuerpo inerte,
escribo un mensaje ocultado.

Mago de pacotilla

Soledad, te tengo cerca y a la vez lejos.
Cada mañana miro y no reconozco mi reflejo.
Recito cada nombre tres veces frente al espejo.
Iluso de mí, pues no saqué ni de la chistera el conejo.

Copias

Temblando en un banco, llorando la mediocridad,
gritando por un calco, copiando la bondad.

OSCURA SOMBRA

Supongo que soy como Fumikage Tokoyami,
pues convivo con un ser oscuro dentro.
Mi historia y alrededor han doblado mi origami
y no tengo plancha para ponerlo recto.

La metáfora

La musa de mi mente, la blusa que me abriga,
la excusa del consciente, la medusa que me pica,
la ayuda recurrente, la duda que me liga,
la bermuda repelente, la cura que me aviva.

TINTA SANGRIENTA

Dicen que mis letras no están escritas de corazón,
pero si vieran mis folios les faltaría la razón.
Me corté las venas usando un punzón
y la sangre que derramé la plasmé en cada patrón.

ZARPANDO

Cuando tú de tu vida me conseguiste echar
me di cuenta de que no te eché de menos, sino que te eché de más.
Mi mayor miedo es que cuando tu barco empiece a zarpar
ni por aburrimiento te dé por mirar atrás.

PERSONAJE SECUNDARIO

Soy un carácter secundario en este juego.
Pobres aquellos que en su campaña me eligieron.
Puede que sirva en un mundo hecho con unos y ceros.
No soy particular, sino de este pastel el relleno.

LA SONRISA QUE LLORA

Tengo un manto que miente cuando me miro al espejo,
una coraza de metal que se derrite con tu reflejo.
Cuando te vea, mi amor, recita las palabras mágicas,
pues no hay mayor dolor que esconder en la sonrisa una lágrima.

AMOR MATEMÁTICO

Un beso sobre mi corazón.
Dos ojos que aceleran latidos.
Tres caricias con tu voz.
Cuatro muertes he vivido.
Cinco dedos aireando mi pulmón.
Seis puntos dictan mi destino.
Siete vidas te daría yo.
Ocho tumbado: mi amor infinito.

BESOS PLATÓNICOS

Otra tarde solitaria
marcada en el calendario.
Llevo desde primaria
sintiéndome secundario.
La diferencia horaria
no cambia mis horarios,
pues no tengo la labia
para besar tus labios.

FRUTO PROHIBIDO

Diviso un árbol,
cuyo fruto me llama.
Quiero hacer algo,
pero la moral me exclama:
«No cometas el pecado
de morder la manzana».
Lo que no había pensado
es que ya no estaba en la rama.

Destino erróneo

Estamos de vacaciones
y no veo los billetes.
Intento sacar conclusiones,
pero solo veo grumetes
navegando por agua dulce
mientras que mi mar es salada.
Un avión con olor a azufre
que desvió la trayectoria indicada.

LADRONA DE CORAZONES

Un atraco a mano armada
a mis sentimientos.
A causa del pasamontañas
no pude ver tu lamento.
Me robaste las ganas
de querer taladrar cuerpos.
No soy fuerte como la caja
con tus máscaras adentro.

BAILE ERÓTICO

El sonido de tus tacones;
parecían de claqué.
Tus caricias en mis dones
parecían pasos de *ballet*.
Perdimos este vals,
el tango, la jota y los demás,
pues no seguimos el compás
y por eso dejamos de bailar.

ME RÍO DE JANEIRO

Janeiro sería mi nombre
si yo fuese de Brasil,
pues lo único que hiciste
fue reírte de mí.

Soportar

Los ánimos por los suelos,
pues me siento solitario.
Los párpados los cierro,
no me encuentro en el diario.
No soy un terrestre extra,
soy un sonido de extrarradio.
Cualquier cosa me molesta,
no soporto ni mi vocabulario.

Muñeco de trapo

Muchos dicen que me aleje
del sonido de mis penas,
pero ¿cómo quieren que deje
lo único que me queda?
No creo que mi ser refleje
las puñaladas aunque duelan.
La vida ya no me teje
y por eso no me va como la seda.

Brújula rota

Soy una brújula rota
que siempre apunta al sur,
pues perdí el norte
y la razón fuiste tú.

MAL ABOGADO

En el amor soy un mal abogado
y saber eso es un suplicio.
La razón por la que me he enterado
es porque contigo siempre pierdo el juicio.

FLECHA A CIEGAS

Escuché un gruñido
resonando sobre mi vera.
Comentarios correspondidos
hicieron que la razón perdiera,
pero ahora mismo estimo
que toca una nueva espera.
Hay que tener cuidado con Cupido,
pues a veces dispara a ciegas.

ETIQUETAS

Etiquetas, etiquetas…
El mundo se basa en ellas.
Etiquetas, etiquetas…
Un nombre para dejar huella.
Etiquetas, etiquetas…
Relucen como una estrella.
Etiquetas, etiquetas…
Pero qué pena, ellas no son bellas.

A DISTANCIA

Nosotros somos como Pigsaw.
No porque queramos jugar,
sino porque cuando nos vemos
es a través de un cristal.

Desesperación

La vida sin color
es algo que me exaspera.
Pretender dibujar como Van Gogh
teniendo solo pintura negra.
Fracasé como ser vivo,
no tengo un camino que coger.
Aunque tengo objetivos,
el esfuerzo es inútil cada vez.

DESAMOR PERSONAL

Otra carta de amor sin destino,
un amor que carece de sentido.
Vivo por un amor no correspondido.
No hay peor desamor que el que tienes contigo.

SIN MÁS

Uno divisa la luz,
otro divisa la oscuridad.
No hace falta ningún tú,
sino un yo sin más.

SCHRÖDINGER

Soy la persona de Schrödinger
fuera de una caja.
No sé cómo me siento:
entre dos opciones se baraja,
pero no sé en cuál estoy.
Es difícil de elegir,
pues a la par que estoy triste
también estoy feliz.

Dedal

Con un pulgar arriba
déjame que te explique
que el índice de mi vida
es un golpe en el meñique.
Pero en esta ecuación
la solución me abruma,
pues despejé el corazón
y se empezó a anular mi suma.

Vérsame mucho

La tinta se corre
al ver que me excito.
Mi corazón te quiere
lo que no está en los escritos.
Aunque no tengas sonido,
eres una imagen que escucho.
Le das ritmo a mi vida
si dices: «Vérsame mucho».

Poema inspirado en «Vérsame mucho», canción de Brock Ansiolitiko, Blon y Silvia Valero.

SÉ

Sé que voy a morir,
pero no sé cómo.
Sé que voy a vivir,
pero no sé cuánto.
Sé que voy a decidir,
pero no sé si bien.
Sé que voy a sufrir,
pero siempre de pie.

UTOPÍA

Bajo la luz de la luna
un enjambre endulza mis ideas.
Desaparecen las dudas,
las despejo con mi verborrea.
La felicidad se suma
al escudo que a las pesadillas noquea.
Se mece la cuna
y desaparece la utopía que mi cabeza crea.

CAJA FRÁGIL

De la felicidad a la tristeza,
de la tristeza a la amargura.
Qué dura que es la vida
al no tener un arma y sí una armadura.
Soy una caja llena de argumentos.
Transportarme para ti fue fácil.
Lo que pasa es que en ningún momento
leíste lo de «caja frágil».

TAN

Digo estar arreglado,
pero sigo estando roto.
Tan roto…
que ni la palabra está completa.

Pues haber solucionado
con tiritas sabe a poco.
Tan poco…
que ni la felicidad está en la receta.

31

He vivido etapas de 31 lunes,
pues aunque brillase el sol yo me fijaba en las nubes.
Un herrero en su fragua forjaba mi mente.
Luego se cortó las manos y se hizo el inocente.

Preso del calendario,
morder mi intelecto ha sido mi plan diario.
Los dioses en su Olimpo y yo en mi habitación demente.
Es hora de que las fichas estén en el lugar correspondiente.

SIN PRECIO

Si yo soy una persona sin precio en la etiqueta,
¿cómo es que tú le pones presupuesto a mi letra?
Con un tenue sonido paras por completo
la sinfonía que corre por las venas de mi texto.

DESALETEANDO

Me marché del nido, pero con las alas rotas.
Intenté volar y dejé mi sangre en las rocas.
Purifiqué mis prendas, se tornó blanca la ropa.
Miré hacia el cielo y mi pupila se volvió roja.

AVE, CÉSAR

Mis gritos son mudos para los corazones.
Los primeros segundos carecen de vibraciones.
Un dedo hacia abajo, Julio César me juzga.
Sometido a ejecución por una caricia tremebunda.

JUEGO DE NIÑOS

Juego con palabras para brasas en su jugo,
palabras que juegan cada jueves gatuno.
Siente si entre tú y yo tuyo es mi corazón.
Con razón mi hierro erró, ergo mi ego descendió.

Sexo lírico

Cada vez que te desnudas
mi mente se excita,
cuando veo tu figura
y tu voz me replica.
No eres como todas,
ha de ser única tu piel.
Eres la lengua española
y lo haría contigo una y otra vez.

HIJO

Hola, hijo mío, te quiero aconsejar.
Sé que muchos años deberán pasar,
pero lo hago por si no logro estar
en los momentos en que el daño se empieza a acentuar.
No te apresures por el amor; todo llegará.
Cuando sientas dolor, llora sin parar.
Valora a la gente que se decidió quedar
cuando estabas en un laberinto y no podías escapar.
Quiere a tu gente y quiere al que lo haga mal
y piensa cuando vayas a dar otra oportunidad.
A veces los que dañan te hacen subir más
e incluso progresas en tu ámbito social.
Estudia mucho, no lo dejes atrás;
no por trabajo, sino por capacidad cerebral.
No olvides que el corazón es el músculo más vital,
pero sobre todo espero que estés orgulloso de tu papá.

HACER EL AMOR

Me quedo estupefacto con la caricia de tu sonrisa,
que golpea mi vista y mi mente se imprecisa.
Pero no empezaré una guerra sabiendo que estoy perdido,
pues yo no busco sangre, busco colaborar contigo.

IMPOSIBILIDADES

Cuando la marea sube, también lo hacen mis inseguridades,
pues ni el mejor perfume puede quitar los malos olores cerebrales.
Me pongo tembloroso imaginando mi vida en tu lona,
pero me pongo tan nervioso que soy el primero que abandona.
Disfrutaría cada ocaso divisando tu sonrisa,
disfrutaría tus canciones y tus imprecisas premisas,
disfrutaría cada alba sintonizando tu piel,
pero mi alma no te puede corresponder.

MAULLIDO NOCTURNO

Eres la luna en mis días, pues te noto ausente.
Yo, un gato maullando en busca de un bote salvavidas,
siete vidas te daría, pero no te son suficientes.
Vendes un eclipse que impide que llegue a tu liga.

125

ALCOHOL

Quisiera ser un chupito para que así me tragases rápidamente.

TIERRAS

En unas tierras lejanas
quise depositar mi esperanza,
pero aun así las dagas
siguen ganando la balanza.
Residuos me dan arcadas;
quiero un voto de confianza
y saber si mis ganas
a mis lágrimas alcanzan.

Toy Story

Buscando inspiración
(no sé dónde se esconde)
encontré algo de valor,
un juguete que me hace hombre.
El juguete yo quería,
pero no me corresponde,
pues en la suela tenía
escrito otro nombre.

Cosas de prosa

Quise darle su tiempo a cada cosa
y hacer cada cosa a su tiempo.
Borraste los momentos de cada prosa
y yo plasmé en prosa cada momento.

DUALIDAD

Soy un juguetero que repara otras piezas rotas.
No es sincero y no expulsa el dolor de su boca.
Vive con el consuelo: «Un corazón de hielo flota».
Y aun quedando primero, lo siente como una derrota.

Soy un juguete que está medio roto;
no se fía de la gente y duda de todo,
de si alguien le quiere o si le dejarán solo.
Mala hierba nunca muere y eso le está volviendo loco.

LA VOZ DEL SILENCIO

El silencio está gritando, pero nadie le escucha.

PIEL DE MARIPOSA

Tus alas de mariposa
abren mis heridas
aunque cada prosa
sea insecticida.

132

Compañero

Quizá no sea quien te provoque mil risas,
quizá no sea quien te llene el mundo de rosas.
Soy quien hace que tu vida sea rasa
y arrasa con todo lo azul que tu ser complace.

POR

Por mucho que me arreglo, no me iluminan los focos.
Por muy bien que me veo, sigo estando roto.
Por más que soy sincero, encuentro mentiras en mis fotos
que hacen que mis llenos me sepan a poco.

DAME UNA RAZÓN

Dame una razón…
para darle un sentido a que se enciendan las luces.
Dame una razón…
para que mis objetivos no tengan influencia de las cruces.
Dame una razón…
para que el dolor cicatrice sin uso de tiritas.
Dame una razón…
para que mi risa, sin prisa, siga tu brisa por una vez en la vida.

135

Adán y Eva

Mientras que Eva fue el ave que decidió emigrar,
Adán fue la nada en la que reposé mis lágrimas.

ELEGANTE CISNE

No aparece el caos, no se rompen los platos.
Me mato por el orden a la par que me desviste.
Si viste un lago que está abundado por patos
destaco, pues por algo soy un elegante cisne.

SIEMPRE

Mis heridas me erotizan,
siempre están abiertas.
Mi poesía te hipnotiza,
siempre pende de una cuerda.
Mi futuro me aterroriza,
siempre con una máscara puesta.
Mi palabra te caracteriza,
siempre el frío te calienta.

Si siempre están abiertas, tendré que buscar las tiritas que las curen.
Si siempre pende de una cuerda, tendré que buscar la forma de
que no dude.
Si siempre ando con una máscara puesta, tendré que buscar mos-
trar mi perfume.
Si siempre el frío te calienta, tendré que buscar la manera de que
eso perdure.

HUMO

Hay dos tipos de humo que no puedo evitar que me molesten,
el humo de lo que fumas y el humo que me vendes.

¿CUÁNTAS VECES?

¿Cuántas veces te dije que me dueles,
pero que es un alivio doler contigo?
¿Cuántas veces te dije que cuando llueve
no has de pensar en la nube, sino en el sol?
¿Cuántas veces te dije que si pierdes
te fijes en que el tiempo se mide en segundos y no en primeros?
¿Cuántas veces te dije que si sientes
estás siendo humano y no un triste producto?

Pasos de hiato

No juzgues mis pasos si no te has puesto mis zapatos.
La aguja del reloj me ha hecho pasar malos ratos.
Soy una cuchara de plástico divisando tus platos,
intentando ser un diptongo cuando no soy más que un hiato.

141

JUEGO DE PALABRAS

Suelo jugar con las palabras,
pero tus palabras jugaron conmigo.

JAPÓN FEUDAL

Quise ser un samurái, valiente y decidido,
ser todo un símbolo del feudal Japón,
pero todos esos sueños se quedaron en el camino
porque fue conocerte y perdí todo mi honor.

Busqué ser entonces un *ronin* agresivo
que venciese al *shogun* con total decisión,
pero me ganaste antes de que comenzase el partido.
Tu sonrisa fue el harakiri y también mi perdición.

DAVID

Mi nombre es David, soy el elegido de Dios,
pero defraudé a Goliat; no fui quien lo derrotó.
Te cantaría una bulería o sería tu supermán,
pero que la detengan, mi magia no me hizo triunfar.
Me dejaste a la altura de un gnomo agachado.
Tiré de falta y tu barrera la ha parado.
Con un golpe de revés te montaste una película
y me disparaste, bebé, al ritmo de la música electrónica.

LOS NUEVES CÍRCULOS DEL INFIERNO

Dante me mató y me mandó a los círculos.
Perdido en el limbo, un simple chico tímido.
Me ataste a tu lujuria y me convertí en discípulo
y la gula hacia tu cuerpo fue algo demasiado lícito.
Avaricioso en tu piel, gasté todo en tus caminos.
La pereza en tus enfados hizo cambiar el destino.
Dejé de tener fe como lo dejaste conmigo.
Por mucho que he pegado, no me saciaba el estar vivo.
Me convertí en un fraude para mi propia moral.
Traicionaste a este ser y yo traicioné a mi sociedad.
Por eso le pedí a Dante que me diese un final
y acabé en el pozo junto al mismísimo Satán.

145

Elementos

Yo perdí mis tierras por el pelo que mecía por el viento
y me inundé en el agua porque me quemaste con tu mirada de
fuego.

COMENZANDO POR EL FINAL

Comenzamos por el final, comenzamos alejándonos.
Con el tiempo llegó lo primero, el acercarnos y besarnos.
Besos con sabor a tristeza porque estábamos despechándonos.
Nos habíamos quedado solos y quisimos acompañarnos.

EX-YO

Te dejé atrás, no quería que vinieras.
Dueles más que una mirada de cera.
Insistías en que mis ganas deberían ser venideras,
que a lo que yo dedico esfuerzo solo me daría problemas.
Tú, que solo quieres que llueva,
que da igual lo que surja, siempre esperas que duela.
Juzgaste mis botas, mis pasos y mi suela
y es por eso, antiguo yo, que te he dejado fuera.

148

LIDIANDO CON EL DIABLO

Dando palos de ciego, cocinaste mi infierno.
Jugando con mi ego, rompiste mi cuaderno.
Abrasando mi suelo, quemaste mi intelecto.
Lidiando con el miedo, redujiste mi portento.

149

GIRA-ELLA

Yo no soy ningún girasol,
yo solo soy un gira-ella,
pues me brinda luz y calor.
Podríamos considerarla mi estrella.

MITOLOGÍA

He vivido un Ragnarok desde que comenzó el año
y yo me he sentido Hela, viviendo en un infierno.
Lo que no sabía es que eras Loki, diosa del engaño,
y yo me convertí en Skadi, se me acercó el invierno.
Tú eras mi Yggdrasil, eras la que me dio la vida.
Hubiese ido hasta el Valhalla a luchar por ti.
Ratatoskr me ha traído un mensaje sin saliva:
que aunque alce el brazo no vendrás hacia mí.
Yo antes era radiante y brillante como sol;
ahora un gigante de hielo como Ymir es mi corazón,
tan muerto que los cuervos de Odín están a mi alrededor,
pues ni siquiera Heimdall fue capaz de ver tu traición.

Te convertiste en Tánatos, pues me diste muerte.
Me mandaste con Hades hacia mi perdición.
Le pedí a Cronos algo de tiempo y de suerte,
pero me acabé ahogando en tus mares de Poseidón.
Requiero urgentemente la sabiduría de Atena,
pero Ares me pide guerra y que acabe en desidia
una tormenta de Zeus en esa noche longeva.
Yo no soy Némesis, pero sé que fue una injusticia.

No eres Artemisa, pero aun así me cazaste.
La sinfonía de Apolo bajaba por tu pelo.
Esto era algo de dos, Afrodita, lo aprobaste.
Acabamos siendo tres como las cabezas de Cerbero.

Tu cuerpo era el Nilo, custodiado por Sobek.
Me perdía por tus tierras aun guiado por Geb.
Un día apareció un gato, defendido por Bastet,
que consiguió envenenar todo con la ayuda de Serqet.
Nuestra magia, bendecida por Isis, se evaporó;
el amanecer que trajo Khepri nunca volvió.
Anhur me vio a tu lado y me asesinó
y hasta el mismísimo Anubis en mi muerte me juzgó.
Osiris no quería que yo renaciera o viviera,
el sol de Ra dejó de brillar para nosotros dos,
la esfinge me dijo que no volverá aunque tú quieras.
Lo que no sabía es que Neith con su tejido nos destinó.

FINAL DEL CUENTO

Bendito dolor
por el que sé que no estoy muerto.
Maldito amor.
Vivo, pero no estoy contento.
Qué decepción
habrá sido ese momento.
La perdiz voló,
se terminó nuestro cuento.

VIDA Y MUERTE

Por eso he decidido terminar conmigo,
porque si vivo un segundo más me retiro.
Quizá por ese motivo ella me ha jodido,
porque he preferido ponerle los cuernos contigo.

154

PRESENTE

Ahora mismo estarás triste y te sentirás solo,
pero el pasado no existe y el futuro tampoco.
Ten eso mente; no sabes lo que estás perdiendo,
pues es el presente quien merece tu tiempo.

MÚSICA CONSEJERA

Tus sabios consejos me hicieron avanzar,
me enamoras con tus besos con un toque de sal.
Me sacas sonrisas a la par que me entristeces,
disfruto tu premisa aunque duelas a veces.
Tú apareciste, dándoles ritmo a mis versos,
y con ello hiciste que los proyecte al universo.
Me pides a gritos que cicatrice mis heridas,
que si no está escrito no formas parte de mi vida.

INCOMPRENSIÓN HUMANA

Algo que no comprendo de esta humanidad
es que haya rocas con la capacidad de caminar
y luego personas que poseen alas a sus espaldas
parezca que no valgan y no se les permita volar.
Los conciertos en la ducha para ahogar las penas
y así limpiar la conciencia de frases «cortavenas».
Mientras que uno llora porque daña sin saber,
otro se ríe al dañar porque no se quiere él.

PERRO LADRADOR, SÍ MORDEDOR

Mis palabras vuelan, pero no las pronuncio yo,
sino otras personas, cuya vil lengua me traicionó.
Todo lo que he dicho algún perro lo ladró,
pero se equivocó el dicho: esta vez sí mordió.

CANSADO

Cansado de notar el vacío,
de mirar no con los dos ojos, sino con dos ríos;
de querer ver una sonrisa que llene mi pecho
y lo único que consiga es perderme con el techo.

Cansado de no ser como el agua,
de no poder confiar porque todos me defraudan,
de seguir con mi vida, ignorando los fantasmas,
y a la hora de dormir aparecen en mis *flashbacks*.

Cansado… de ser un payaso,
de vivir en un circo en el que nadie me hace caso,
de analizar a medio mundo sin conocerme yo
y ver que los segundos no se suman en el reloj.

Fantasmas

En el punto de mira de otro francotirador.
La última bala perdida en mi cargador.
Un campo de minas a mi alrededor.
Quise sonar en tu vida, pero uso silenciador.
Tú y yo: dos polos distintos;
yo soy de limón, tú bebes un Lipton.
Ese es tu error, no darme protagonismo.
La pila se agotó y se paró mi mecanismo.
Yo, un chico corriente, mis palabras al viento
soplé fuerte, apagué esos momentos.
Un huracán en la mente se lleva los recuerdos.
La brisa que sientes no es más que tu esfuerzo.
Huelo tu figura, veo tu fragancia,
te siento desnuda, escucho tu elegancia.
Tu mente duda, olvida esa falacia.
Bajo la luz de la luna todo sabe a magia.
Tener el valor de valorar una amistad,
tener el amor y valorar su fidelidad.
La mayor frustración es esta sociedad
buscando aceptación, alejando la bondad.
Una cosa tonta te podría oscurecer

como una monja que te puede sorprender.
Una mancha roja, una cabeza al revés,
actividad «paranormal» con fantasmas en la sien.

Índice